AF602345

DOCUMENTS

POUR SERVIR

A L'HISTOIRE DU FOREZ

par L.-Pierre Gras et non pas
par d'Assier

DOCUMENTS

POUR SERVIR

A L'HISTOIRE DU FOREZ

SUITE

DES RECHERCHES ET DESCRIPTIONS

DES ANCIENS MONUMENTS HÉRALDIQUES, ENCORE CONSERVÉS

DANS LES ENVIRONS DE BOURG-ARGENTAL

ET DE SAINT-ÉTIENNE

suivies

DE NOTES SUR LES MAISONS AUXQUELLES ILS APPARTIENNENT

LYON

IMPRIMERIE D'AIMÉ VINGTRINIER

RUE BELLE-CORDIÈRE, 14.

1867

Quelques lignes d'introduction aux documents pour servir à l'Histoire du Forez.

Nous publions la suite de nos recherches et descriptions des anciens monuments héraldiques du Forez, dont l'impression a été commencée en 1866. Nous avions espéré pouvoir décrire cette année les vieux écussons de nos comtes de Forez, ceux de la royale maison de Bourbon qui leur ont succédé dans la souveraineté du pays ; mais ces matières sont tellement considérables, et les armoiries si nombreuses, que nous avons pris la détermination, puisque nous n'avons pu leur donner la première place de ce recueil, de leur consacrer une partie spéciale de notre ***Armorial archéologique du Forez***, qui sera le vrai titre de ces recherches.

Bourg-Argental, le 9 Janvier 1867.

DOCUMENTS

POUR SERVIR

A L'HISTOIRE DU FOREZ

ECUSSON DES BLACHON DE VILLEBŒUF.

D'azur à un dextrochère de carnation vêtu d'argent et d'or, tenant trois épis d'or posés en pal et en sautoir.

Les armes de cette famille stéphanoise se voient dans l'église de Notre-Dame de Saint-Etienne, à la clef de voûte du premier arceau, côté gauche en partant du chœur, faisant face à celui des *Jullien Chomat.*

Cet écusson porte la date de 1669, année qui suivit celle de la fondation de l'église. Il est entouré de lambrequins sans casque, comme c'était l'usage chez les bourgeois pour leurs armoiries. Les Blachon sont anciens à Saint-Etienne, d'après M. de la Tour-Varan ; leur origine est inconnue. Ce nom se trouve mentionné dans des actes très-reculés mais étrangers à la localité. Le premier connu auteur des sieurs de Villebœuf est Jean Blachon, marchand à Saint-Etienne-de-Furan, qui vivait en 1630. Il se maria deux fois et testa en 1670, eut plusieurs enfants, entre autres Thomas, l'aîné, et Jean, le second. Ce dernier épousa Jeanne Boyer et fut père d'Annet Blachon, conseiller du roi, maire perpétuel, juge civil, criminel et de police de la ville de Saint-Etienne et marquisat de Saint-Priest. Ce conseiller du roi épousa Antoinette Carrier. C'est sans doute pendant l'administration d'Annet que fut placé à Notre-Dame son écusson. D'Hozier enregistre les armes de ce maire telles qu'elles sont décrites plus haut. Sur un dessin qu'en donne M. de la Tour-Varan, on a figuré une espèce de vêtement mis sur le dextrochère ou bras qui ne figure pas dans cette sculpture.

Thomas, fils aîné de Jean, premier cité, fut père de Jean-Joseph Blachon, écuyer, sieur de Villebœuf, conseiller du roi, lieutenant particulier, assesseur civil et criminel au bailliage et sénéchaussée de Forez, vers 1702. Il s'était marié, en 1700, avec Claudine Courbon des Gaux. Les Blachon se sont alliés aux familles Palluat de Besset, Mazenod, Bernou de la Bernarie, aujourd'hui de Rochetaillée, Courbon des Gaux, plus tard de Saint-Genest. La famille Blachon de Villebœuf est éteinte.

ECUSSON DES BOLLIOUD.

D'azur au chevron d'or, au chef cousu de gueules, chargé de trois besans d'or.

Les armes de la famille Bollioud de Saint-Jullien se trouvent à Bourg-Argental sur plusieurs belles bretagnes du dernier siècle, encore conservées dans leur ancienne maison-forte, aujourd'hui l'Hôtel-de-Ville. Les Bollioud ont joué un rôle trop important pour que nous les passions sous silence. Les armes qui sont reproduites sur ces bretagnes ont l'écu ovale, posé sur un gracieux cartouche surmonté d'une couronne de *marquis* ; elles ont pour supports deux lions affrontés ; au bas, presque dans leurs pattes, se trouvent deux palmes mises en sautoir.

La famille Bollioud est originaire de l'ancienne ville de Bourg-Argental en Forez. Une tradition, que conservaient ceux de cette maison, la fait venir, en 1400, d'un gentilhomme de Picardie. Pernetti, dans ses *Lyonnais dignes de mémoire*, fait mention de cette tradition, mais n'affirme rien; quoi qu'il en soit, on les retrouve sans qualifications nobiliaires, à Bourg - Argental, en **1472**. Auraient-ils dérogé? C'est ce que nous ignorons. L'histoire locale n'en dit rien ; le premier connu est Pierre Bollioud, en latin, *Boulhoudi*. Il demeurait à Bourg-Argental, dans le XVe siècle, avec Marguerite sa femme, dont le nom est ignoré. Il eut pour fils Béranger Bollioud, qui fut pourvu, en 1488, de la charge importante de procureur d'office, en la châtellenie d'Argental, qu'il exerça jusqu'en 1522. On conservait, dans les archives de la grande maison principale, résidence de cette famille, une lettre d'Anne de France, adressée à Béranger, qui lui ordonnait de faire réparer la poutre dorée de la grande salle du château d'Argental. Il est encore fait mention de lui dans une transaction du 3 mai 1463, entre Marguerite de Montchenu et les habitants de Bourg-Argental. Pierre, le premier dont il est fait mention, fut la souche de tous les Bollioud qui se sont répandus du Forez à Lyon, en Vivarez et en Dauphiné. Pernetti qualifie Pierre de procureur général de la reine dans le Forez; cet auteur seul lui donne ce titre pompeux.

Les nombreuses branches de cette ancienne famille furent anoblies à diverses époques, et ont porté des armes différentes. On voit Joseph Bollioud anobli pour services militaires, mais tué pendant la guerre de Franche-Comté. Noble Arnaud Bollioud, archer des gardes du corps, réduisit à l'obéissance du roi, le 23 mars 1594, le château d'Argental. Il est, d'après

M. Seytre (1), la tige de la branche Bollioud de Mary. Des rameaux de cette nombreuse famille doivent leur noblesse à l'échevinage de la ville de Lyon ; d'autres, à des charges de secrétaire du roi. Cette maison s'était si multipliée qu'il est difficile de se retrouver dans les généalogies que plusieurs auteurs, notamment d'Hozier, ont publiées.

Voici les principaux personnages qu'elle a donnés dans l'Eglise, l'épée ou la robe. Un Bollioud fut page de Monsieur, frère unique du roi ; un autre, mousquetaire ; un, garde du corps ; plusieurs, capitaines de terre ou de mer, chevaliers de Saint-Louis, cinq conseillers à la Cour souveraine des Monnaies de Lyon et au présidial de la même ville. Neuf Bollioud eurent des charges dans ces corps, trois conseillers au Parlement de Dombes et un lieutenant-général de cette principauté, qui fut aussi maître des requêtes de son Parlement ; trois échevins de Lyon, de 1610 à 1678 ; plusieurs secrétaires du roi, dont deux au parlement de Piémont et chancellerie de Turin. Sous François Ier, un lieutenant général d'épée au bailliage de Bourg-Argental ; un subdélégué général de l'intendant de Lyon, un receveur du clergé de France ; et enfin, dans l'Eglise, un chanoine baron de Saint-Just, à Lyon. Il est probable que plusieurs cumulaient de ces charges. On voit par cette longue nomenclature la considération dont devait jouir cette famille. Voici maintenant le nom des terres et seigneuries qu'elle possédait et qui servaient souvent à distinguer les membres des différentes branches : de Mary, de Baumont, du Regard, de la Tour, du Crozet, des Granges, de Saint-Julien-Molin-Molette (terre

(1) C'est probablement la dernière fois que nous citerons l'abbé Seytre, auteur du manuscrit sur l'*Histoire de Bourg-Argental*, si souvent mentionnée dans nos pages publiées en 1866. Nous devons cette communication à M. et Mme Aynard de Courtivron. Qu'ils trouvent ici l'expression de nos remerciements, pour leur gracieuse obligeance.

qui donna son nom à la principale), de Bourg-Argental et d'Argental, de la Roche, de Fétan, de Changieu, de Tartara, de Brogieu, de Lamponil. Elle a pris alliance avec les maisons Palerne, Le Bon (1), de Sevenas, Charrier de la Barge, Alonëz de la Fayette, de Villars, de Mayol, de la Tour du Pin, de Voguë, de Serre, Olivier de Senozan. La branche aînée des Bollioud s'est éteinte au milieu du XVIIe siècle, celle des seigneurs de Saint-Jullien finit dans le XVIIIe ; elle est aujourd'hui très-honorablement représentée par les Bellet de Tavernot de Saint-Trivier, qui descendent de Françoise Bollioud, mariée en 1731 avec Louis Bellet, seigneur de Tavernot et de Curis, chevalier d'honneur au parlement de Dombes.

ECUSSON DES JULLIEN.

De gueules, au pal d'argent, au chef d'azur, chargé d'un soleil d'or (aujourd'hui cette maison porte un lion d'or au lieu d'un soleil), le lion étant l'écu des Jullien, de Bourgogne, dont ceux du Forez se prétendent issus.

Les armes de la famille des Jullien, ou Julien, se voient dans l'église de Notre-Dame, à Saint-Etienne ; elles sont sculptées à la clef de voûte du premier arceau, à droite en partant du chœur. Cet écusson est d'assez grande dimension ; il est timbré d'un casque, entouré de ses lambrequins, et posé de profil, ne montrant que trois grilles. Il doit être du XVIIe siècle, époque où les Jullien se sont fixés à Saint-Etienne, et où ils ont été pourvus de charges anoblissantes

(1) Les Le Bon étaient seigneurs de la Mayolière. Cette terre leur venait des Bollioud, qui en étaient eux-mêmes seigneurs en 1585, et qui très-probablement l'avaient eue par leur alliance avec les Mayol. (Voyez le *Dictionnaire des fiefs de l'ancienne France*).

(1677). Le blason en question représente les armes primitives des Jullien telles qu'ils les portaient il y a près de deux siècles, avant la modification importante qu'on leur fit subir en remplaçant le soleil d'or du chef par le lion des armes des Jullien, de Bourgogne, qui était de même métal que le soleil, et en transformant le chef en un écu coupé. Nous n'avons pu trouver nulle part la date et la mention des lettres qui ont dû autoriser ce changement se rattachant, comme nous l'avons déjà dit, à l'ancienne tradition qui fait descendre les *Jullien-Chomat* d'un cadet de ceux de Bourgogne ; du reste nous trouvons à une lettre de M. Jullien du Bessy, adressée à M. de Fogères, procureur du roi à Bourg-Argental, un cachet de cire rouge reproduisant très-exactement les armes de sa famille, telles qu'elles sont sculptées à l'église Notre-Dame, seulement le casque y est remplacé par une couronne de *comte*. Cette lettre est du du 7 janvier 1759, le sceau doit être du XVIIe siècle, ce qui prouve d'une manière irrécusable qu'il n'y a guère plus d'une centaine d'années qu'ils ont définitivement adopté le lion à la place du soleil. Ces variantes héraldiques ont induit en erreur M. d'Assier de Valenches dans son *Mémorial de Dombes*, en désignant N. Jullien-Chomat, secrétaire du roi au parlement de la principauté en 1680, comme étant d'une famille différente de celle des Jullien de Villeneuve citée dans le même ouvrage et dont un des membres était pourvu d'une charge de conseiller-secrétaire au même parlement, en 1677; et cependant M. de Jullien de Villeneuve fut appelé à faire partie de l'assemblée de la noblesse du Forez en 1789, comme petit-fils de Claude de Jullien, conseiller au parlement de Dombes en 1680. Le même sieur de Villeneuve y représentait le seigneur de Lupé, son allié. Ceci confirme ce que nous avons dit plus haut, et prouve que M. d'Assier a eu tort de désigner ce Jullien-Chomat sous le nom exclusif de Chomat, tandis qu'il est certain que ce personnage, qui portait les armes se voyant à Notre-Dame, est la souche de la famille de Jullien de Villeneuve (page 192 et 221, *Mémorial de Dombes*). Il est encore certain que ce nom de Chomat a été porté par les auteurs nobles ou anoblis de cette maison; leur venait-il d'une terre acquise, comme le dit l'*Armorial du Lyonnais, Forez et Beaujolais*, ou d'une alliance avec la famille Chomat ou Chaumat, qui a donné son nom à la Chaumassière? Je pencherais pour cette version. Voilà une longue dissertation sur les armoiries de cette famille; nous ne nous permettrons pas de trancher ces si délicates questions d'origine et de changement ou modification d'écu, à défaut de documents authentiques qui n'existent pas à notre connaissance. Nous espérons qu'un jour la chose sera élucidée, et que nous aurons fait faire un pas à cette question, qui, quoique toute d'intérêt particulier et local, a le sien, puisqu'elle doit aider à décider en grande partie la question d'origine d'une famille du Forez, que certains auteurs contestent, notamment M. de La Tour-Varan (page 313 du volume *Armorial et Généalogie*). Dans le supplément des *Mazures de l'abbaye de l'Isle-Barbe-lès-Lyon*, attribué à Le Laboureur, il est parlé dans ces termes des Jullien, qui ont donné des moines à cette abbaye; à l'article des maisons nobles, il est dit: « *Jullien, maison de robe bien alliée mais de peu de durée,* « *par un sort commun et très-fréquent aux nouveaux no-* « *bles.* » Ce que dit Le Laboureur, qui vivait au XVIIe siècle, doit être l'historique de nos Jullien, étant sans contredit les plus considérables de ceux de ce nom de l'ancienne généralité de Lyon; mais il commet une erreur en les croyant éteints.

Dans les *Assemblées bailliagères du Forez en 1789*, M. d'Assier dit que les Jullien de Villeneuve se rattachaient à la famille de Bourgogne, mais il commet la même erreur que dans le *Mémorial de Dombes* en attribuant François de Jullien, conseiller-secrétaire au parlement de Dombes en 1677, aux Jullien du Viviers, qui ne semblent pas être de la même maison que les nôtres. M. de Valous, dans son *Rôle des familles nobles de la généralité de Lyon*, cite le secrétaire du roi comme l'auteur noble de la maison des Jullien de Villeneuve ; il exerça sa charge, d'après le même auteur, de 1677 à 1698. Nous sommes loin de contester la descendance de cette famille avec l'ancienne maison des Jullien, de Bourgogne, qui a donné deux conseillers en son parlement dans le XVIe siècle : Edme Julien, conseiller clerc en 1516 et laïque en 1537, et Etienne Julien, conseiller laïque en 1524. La différence d'armoiries ne signifie rien ; on voit dans les plus grandes maisons (et surtout chez elles) des variantes encore plus considérables que celles des armes des Jullien, du Forez. Cinq familles notables ont porté ce nom, dans l'ancien gouvernement de Lyon.

Si donc on remontait aux XIIIe et XIVe siècles, ne leur trouverait-on pas une commune origine ? Il est probable que si, au moins pour celle du Forez, et il aurait été plus naturel que M. Jullien du Bessy, qui s'est tant occupé de son origine, ait cherché à se rattacher aux seigneurs de Ferlay, qui ont donné Laurent Jullien, chapelain de Saint-Jean, mort en 1380, que d'affirmer sa descendance bourguignonne. Noble Henri Jullien, seigneur de Ferlay, était châtelain de Rive-de-Gier en 1445. Cette famille, originaire de Saint-Genis-les-Ollières, possédait encore, en 1457, le pré Regnault, dans la châtellenie de Sury-le-Comtal (Forez). Sans avoir la moindre prétention à refaire les degrés de cette volumineuse généalogie donnée par M. Jullien de Courcelles, qui, lui, se dit issu de ceux de Bourgogne et qui a voulu cependant, sous la Restauration, se rattacher à ceux du Forez, qui étaient à cette époque, par leurs alliances considérables, dans une position supérieure à la sienne, mon travail, en relatant tous ces faits, a pour but de mettre en lumière des documents presque inconnus jusqu'à ce jour et que de nouvelles recherches certainement compléteront. Il est bien difficile, lorsque l'on écrit l'histoire d'une famille dont le nom est si communément porté par tant de maisons du royaume, de ne pas commettre quelques erreurs surtout lorsquel'on se choque avec des généalogistes qui ont traité d'une manière opposée l'histoire de cette famille; les uns par une condescendance coupable, les autres avec l'esprit trop prévenu peut être. Ainsi on trouve encore Claude-François Jullien, écuyer, et son fils, Jean-Marie Jullien, aussi écuyer, qui étaient l'un et l'autre lieutenant-général au bailliage de Bourg-Argental, dans le XVIIIe siècle. Se rattachent-ils aux Jullien deVilleneuve? Nous ne le pensons pas; cependant ils étaient qualifiés écuyers et avaient des charges importantes en Forez. Du reste, comme je l'ai déjà dit, la famille de Jullien deVilleneuve est ancienne et bien alliée avec les maisons de Thomas, de Tréméolles de Barges, Parchas de Saint-Marc, de Mayol de Lupé, de Diennes, d'Arlos, de Ville, et, dans ce siècle, aux barons Dallemagne, Puy du Roseil et de Lille. Ils ont possédé en Forez les seigneuries de Vaux, de Villeneuve (près Firminy) vers 1725, et enfin le Bessy. Il sera curieux de terminer cet aperçu historique en rapportant sommairement une reconnaissance faite le 24 décembre 1711 par demoiselle Virginie de Tréméolles de Barges, veuve de Claude Julien Chaumat (Jullien Chomat), écuyer, conseiller-secrétaire de Son Altesse royale Monseigneur le duc du Maine en son pays de Dombes, habitant Saint-Etienne. Elle reconnaît être justiciable de Messire Pierre-Hector de Charpin, pour le domaine de Poy et le pré de la Posière dépendant de la rente de Feugerolles. Les Jullien, outre les magistrats que nous avons cités, ont encore donné des militaires, chevaliers de Saint-Louis. L'*Armorial du Lyonnais, Forez et Beaujolais*, signale encore, à Saint-Etienne, une vieille sculpture *mutilée* des armes des Jullien ; mais nous n'avons pu, malgré nos recherches, la découvrir.

www.ingramcontent.com/pod-product-compliance
Ingram Content Group UK Ltd.
Pitfield, Milton Keynes, MK11 3LW, UK
UKHW022212190726
13855UKWH00004B/1722